ILTAAN SAAKKA

EIJA JANSSON

ILTAAN SAAKKA

RUNOJA

ISBN:9789523183544
Kustantaja: BoD, Books on Demand, Helsinki, Suomi
Painopaikka: BoD, Books on Demand, Nordersted, Saksa

SISÄLLYS

Omistettu
heille joiden unelmat särkyivät
ja
heille jotka edelleen uskaltavat unelmoida

RUKOUS

Isä meidän
voitko anteeksi antaa
en jaksa kantaa
tätä tuskaa sisälläin.

Isä meidän
tartutko käteeni tähän
auta edes vähän
olen jo pimeässä.

SINÄ

Hiukset huntuna
taivasta vasten
silmissä sammuva ilo.
Ruohonkorrella kastepisara
pesee posken nukkaa.

Hiukset huntuna
valkoisin siivin
nouset korkeuksiin,
vain muistot jäivät
ne säilyvät ikuisuuksiin.

YÖ

Valon tuolla puolen
vailla varjoja
vaeltavat kuolleet
meille rakkaimmat.

Katsot mustaan yöhön
ei enkeleitä näy,
taivaan tähtivyöhön
vain tuulenhenkäys käy.

Särkynein siivin
yöperhonen
katkenneella ruohonkorrella.

Ruohikolla
lintujen kartta,
tuulten muistot.

Tuuli huokaa
tuonenkukat nukkumaan.

Lempeä muisto.

TOMUA

Kevät, sen vehreys,
en siihen uskonut.
Murtuneita lehtiä
askelten alla,
      hopeinen pilven reunus,
      suru siellä.

EN YLLÄ

Unelmat katoavat
muistosi hiivuttua
ohueksi autereeksi

– käteni ei yllä.

POIS

Pilvet kulkevat kumpusi yli,
sade suutelee
kuollutta kukkaa.

Unohdin hengittää
luulin taivaaksi,
aamu herätti
rumin huulin.

UUPUNUT

Korkealla kirkkaus
anovin käsin
elämää janoaa
    - sieluton on syvyys
ahdingossa.

SÄRKYVÄ

Värähtelit kuin perhonen
sylissäni syvyyksiin.
Kun kosketan,
ovat muistot hiekkaa.

MENNYT

Kaiku piirtää
kasvosi kuvajaisen
järven pintaan

- huomenna hukun.

ODOTUS

Öinen hiljaisuus,
vain ohut ääni
elää minussa
eilistä huomiseen
eikä anna unohtaa.

KAIPUU

Tähtipölyn taikaa
enkeleitä ovellani,
joko pääsen
huomenna pois?

TURHAA

Päivästä päivään
sanoitta, sävelittä
soivat tuskan rummut,
kilisevät kaipauksen kellot.
Aika valuu arkkuun,
minä sen mukana.

KIPU

Oli aika mennä
siipesi kasvoivat
katosit
eikä sillä polulla
kulje enää kukaan.

ET PALAA

Sanoja on satoja
- yksikään ei tuo sinua takaisin.

SURU

Sateen alla
ei kukaan tiedä
laskea kyyneleitä

- kunhan et
kerro niistä.

MUISTO

Kuivunut ruusu
maljakossa
hauras kuin
eilisen muisto.

ELÄMÄN RIEKALEET

Aamuyöllä ajatukset saapuvat.
Tunnen kadotuksen hyökyvän pimeydessä,
niin paljon kyyneleitä,
niin paljon vihollisia.
Tuska tappaa unelmat
ja kaikki huuhtoutuu pois.

HUOMISEEN

Jonain päivänä
jos käyt haudallani
- älä itke.

Sinua syleilen tuulena,
suutelen silmiäsi sateena.
En ole kadonnut,
olen vain hetken poissa.

KAUKANA KUVASI

Tiedän sinun menneen,
mutta etsin silti
- kaukaisista puutarhoista,
etäisiltä rannoilta,
puuttomilta aavoilta.

Kuvasi haalenee
ja tänään muistan
vain tuoksusi,
kunnes senkin kadotan.

KADOTETTU

Ei minulla ole unelmia,
ne katosivat eilen.
Unohda minut,
lennä tiesi vapauteen.

LUOPUMINEN

Avautuvat silmut
putoavat pisaroina,
ne eivät kuki koskaan.
Surulliset tunnit
yksinäisyydessä.

Pahuutemme varjot
syövät elämämme
      - peitä märkivät haavasi,
      ei ole huomista.

SIELUTON

Käperryn unohdukseen.
Maailma ulottumattomissa,
eikä muistojakaan ole.

Tyhjyys huutaa huomista,
muistoni seitin takana
piilossa itseltään.

IKÄVÄ

Kuka puhuisi
arkea alkamaan,
kuka huomenen toivottaisi?
Kuka hellästi hieroisi hartiaa,
ihoa koskettaisi?
Kuka kertoisi
aamuisen valon
kesänurmikolla,
kuka puhuisi
pääskyset orrelleen
ja kukat kukkimaan?
Kuka soutaisi
järvellä kanssani ja
taikoisi perhoset
pihamaalle?

Tuuli räystästä
ulkona puhuttaa,
lintu oksalla
pähkinää naputtaa,
tomu tyhjässä
talossa tanssii.

Kuka puhuisi
elämän alkamaan?

KUISKAUS

Kaduilla kuiskaus
ja kaukana
nukkuva meri.
Kuiskaus
ja kaduilla hiljaisuus.

EI MITÄÄN

Kyynelten ehtyessä
jäljelle jäivät tyhjät huoneet.

ODOTAN

Eilen unelmoin
että olet lehtevä puu
saari utuinen
tuulenhenkäys
illan suussa
ja minua nukutti niin.

Ja olin puro
taivutin kaarelle
puhtaan veteni
juoksevaa nauhaa
kuten hellitty kissa
kehrätessään
vain koskettaakseni
sinua hetken.

Unessani.

LÄHTÖ

Hiuksesi sädehtivät lammen laineilla
kuin silkkinen seitti,
kasvosi hohtavat valkeutta
ja minä rakastan sinua.
Aallokon lempeässä sylissä
keinut kuin keiju kukassa,
kosketan hellästi ja pyydän
katso minuun, rakkaani.

Käännyt,
silmissäsi asui jo kuolema.

KAIPUUN KUISKE

Merituuli tanssii hautakivien välissä.
Sora narahtelee askelten alla.
Ne kuuntelevat, joiden luut nukkuvat
paasien paino päänsä päällä.
Ne puhuvat, joihin ei uskota.

Minä kuljen ja kuuntelen.
Nuo menneen harmajat haamut
seuraavat perässäni,
liehuvat ympärilläni
ja pyytävät ymmärrystä.
Miten minä niitä ymmärrän,
kun itse halajan pois.

Suuret tummat kuuset
laulavat suruja,
joita juuret keräävät
maan uumenista.
Ja kappelin kello soi.

Merituuli tanssittaa
eilisen seurakuntaa.

LANGENNUT

Särkynyt astia
tyhjäksi juotu,
syrjään potkaistu
- tuo narri,
joka uskoi oikeuteen
saarnaa sanomaansa.

Eivät pysähdy tuulet
häntä kuulemaan.

PELKO

Musta lintu
korpin siivet selässä
kotkan kynnet käsissä,
näen hänen avautuvan suunsa
ja pelkään ensimmäistä iskua.
Hyeenalauma
piirittää minut paljastaen
raateluhampaansa
- luuni vaalenevat
ennen kuin huutoni lakkaa.

VIHA

Nainen on kuin taulu,
tuo Munck,
taulussa outo olio
suu auki,
sanoja ymmärtämättä
näen kasvot,
joilla asuu halveksunta
ja minä putoan pimeyteen.

ÄLÄ UNELMAANI VIE

Yön varas
säkkiä raahaa
matkassa tähden sakara
pala sammunutta
sateenkaarta.

Kurja varas
ken sinne tänne
kuljettelee
unieni saarta.

ELÄMÄN VENE

Kiikkerä vene,
Elämä nimeltään,
valuu hiljakseen
auringon pilkuttamana
pitkin vettä kohti suistoa.
Kyydissä istuja
ei kastele sormiaan,
kokeile veden mettä.
Sillä on mielessä arpi
ja sylissä huutava sydän.
Kiikkerä vene,
jonka nimi on Elämä.

ET SAA MENNÄ

Sormenpääsi värisevät
kuin pelokas eläin
- vihreässä pesässä
kyyneleitä odottaen
suljettuja silmiäsi katson
- herää rakas!

Ja sinä matkustat
untesi teillä
liidät siivillä keveillä
- muista minut!

Poskesi kalpeat,
odotan punerrusta
- älä jätä minua!

Hauras elämä.

LAHJA

Iloa, iloa elämään,
mistä sitä löydetään?
Onko se piilossa
pöydän alla
vai liekö
vilkkuu taivahalla?
Senpä jos
mä tietäisin,
niin lahjaksi
itselleni antaisin.

LANGENNUT

Valot väijyvät lätäköissä.

Minulla on musta sydän
ja puhun itsekseni ääneen.

TURHAA

Muistot leijuvat utuisina riekaleina,
niitä ei tavoita
- menetettyjä unelmia.

JÄÄTYNEET KYYNELEET

Rinteessä kimmeltävää jäätä?
Ei - vaan kyyneleitä,
sammalta ja jäkälää
kukkii vaaran kuve.
Tie kohti huippua
on kyynelpisaroita
rinteille eksyneitä.
Niin suloista ois kulkea
tuo kallioinen polku
- ilman kyyneleitä.

MUISTAN

Selkäsi siro kaari
hohtaa pimeässä.
Avaan silmäni
suuremmiksi
nähdäkseni,
muistaakseni.
Sormenpäissäni
silkin tuntu.

Herään aamuun yksin.

RAUHA

Minä olen puu
ja sinä olet tuuli.
Kuljet läpi lehvästön,
hengähtäen,
pyörteisenä
ja lehteni värisevät ujona.

En enää kuule keijujen kuiskivan salaisuutta,
olen väsynyt vaeltamaan.
Keijujen kellot, siniset kukat
satujen lauluja soitelkaa,
minulle rauha ja lepo antakaa

PAPERIPÖLYÄ

Elämä on lyhyt ja ohikiitävä
kuin varjo ajan yllä.
Paperilla pölyä
ja haalistunut kuva
mutta muistan sinut kyllä.

KIVINEN TIE

Paljon ei jäänyt
muistojen lokeroon,
pitkä tie,
jossa kiviä anturan alla
- kyyneleet.

PISARA

Huusin.
Kuuliko tuuli?
Pilvi pudotti pisaroita
- kädelläni tuhkaa.

UNOHDUS

Levitit siipesi
nousit ylös
tuoksusi on eilinen
kasvosi kadonneet kuvastimesta.

SE TULEE

Ei sanoja, hiljaisuus,
Tuuliko huokasi
- ei vaan lähestyvä iäisyys.

HAAVA

Syksy painoi ruusut maahan.
Yritin pelastaa edes yhden,
mutta käteni vuotivat verta.

YKSIN

Puin ylleni paksun takin,
hauraat korret katkesivat,
kun kuljin ruohikolla.
Etsin kadotettua polkua
ja ilmaa jota hengittää.

Minua paleli.

IKUINEN

Emme sanoneet näkemiin
katosimme maailmaan
jossa yö on ikuinen.

EILISEN TAULU

Näet minun nukkuvan
huulillani unien huuto.

Näet minun heräävän
silmissäni veden kuulto.

Huomaat minun puhuvan
mutta sanoja ei kuulu.

Elämä on ohi jo
se on vain pelkkä taulu.

OHI

Kaikilla on hetkensä elämässä.
Meillä se oli eilen.

SAMMUNEET SILMÄT

Taivas on maata vasten
ja sen silmät sammuneet.
Kulkija rannalla etsii elämää,
on kädessä puolikas simpukankuori
ja aallot syövät hiekkaa.

KULJE VIERELLÄIN

Rakkaani, kulje vierelläin
kuten kuljit silloin,
kun katsoimme taivaanrantaa.
Rakkaani, sulje syliisi
kuten iltaruskon aikaan,
kun lupasit elämä kantaa.

On metsä hiljaa
ja huokaa puut,
olen yksin ja ilman sua.
Ei kantanut elämä,
ja lupausten kaiku
puunrungoista kimpoutuu.

Rakkaani, muistosi vierelläin
kuljen polkua kaitaa.
Ovat kyyneleet piirtäneet
polkujaan ja uurtaneet
kasvoihin vesiraitaa.
Rakkaani, muistosi mukanain
käyn horjuen loppuun asti,
ja kun viimein suljen silmäni
tunnen huulesi ihanasti.
Rakkaani, kulje vierelläin,
kulje käsi kädessä
- hamaan viime iltaan saakka.